中华人民共和国国家安全法
中华人民共和国反间谍法
反间谍安全防范工作规定
公民举报危害国家安全行为奖励办法
涉及国家安全事项的建设项目许可管理规定

法律出版社
·北京·

图书在版编目（CIP）数据

中华人民共和国国家安全法　中华人民共和国反间谍法　反间谍安全防范工作规定　公民举报危害国家安全行为奖励办法　涉及国家安全事项的建设项目许可管理规定. 北京：法律出版社，2025. -- ISBN 978-7-5244-0259-6

Ⅰ. D920.9

中国国家版本馆 CIP 数据核字第 2025TS9740 号

中华人民共和国国家安全法　中华人民共和国反间谍法
反间谍安全防范工作规定　公民举报危害国家安全行为奖励办法
涉及国家安全事项的建设项目许可管理规定
ZHONGHUA RENMIN GONGHEGUO GUOJIA ANQUANFA
ZHONGHUA RENMIN GONGHEGUO FANJIANDIEFA
FANJIANDIE ANQUAN FANGFAN GONGZUO GUIDING
GONGMIN JUBAO WEIHAI GUOJIA ANQUAN XINGWEI JIANGLI BANFA
SHEJI GUOJIA ANQUAN SHIXIANG DE JIANSHE XIANGMU XUKE GUANLI GUIDING

出版发行 法律出版社		**开本** 850 毫米×1168 毫米　1/32	
编辑统筹 法规出版分社		**印张** 2　　**字数** 43 千	
责任编辑 张红蕊		**版本** 2025 年 4 月第 1 版	
装帧设计 李　瞻		**印次** 2025 年 4 月第 1 次印刷	
责任校对 陶玉霞		**印刷** 保定市中画美凯印刷有限公司	
责任印制 耿润瑜		**经销** 新华书店	

地址：北京市丰台区莲花池西里 7 号(100073)

网址：www.lawpress.com.cn　　　　　销售电话：010-83938349

投稿邮箱：info@lawpress.com.cn　　　客服电话：010-83938350

举报盗版邮箱：jbwq@lawpress.com.cn　咨询电话：010-63939796

版权所有·侵权必究

书号：ISBN 978-7-5244-0259-6　　　　定价：9.00 元

凡购买本社图书，如有印装错误，我社负责退换。电话：010-83938349

目　　录

中华人民共和国国家安全法

　　（2015年7月1日）……………………（ 1 ）

中华人民共和国反间谍法

　　（2023年4月26日修订）………………（ 16 ）

反间谍安全防范工作规定

　　（2021年4月26日）……………………（ 32 ）

公民举报危害国家安全行为奖励办法

　　（2022年6月6日）……………………（ 42 ）

涉及国家安全事项的建设项目许可管理规定

　　（2025年1月15日）……………………（ 49 ）

中华人民共和国国家安全法

（2015年7月1日第十二届全国人民代表大会常务委员会第十五次会议通过 2015年7月1日中华人民共和国主席令第29号公布 自公布之日起施行）

目　　录

第一章　总　　则
第二章　维护国家安全的任务
第三章　维护国家安全的职责
第四章　国家安全制度
　第一节　一般规定
　第二节　情报信息
　第三节　风险预防、评估和预警
　第四节　审查监管
　第五节　危机管控
第五章　国家安全保障
第六章　公民、组织的义务和权利
第七章　附　　则

第一章 总　　则

第一条 为了维护国家安全,保卫人民民主专政的政权和中国特色社会主义制度,保护人民的根本利益,保障改革开放和社会主义现代化建设的顺利进行,实现中华民族伟大复兴,根据宪法,制定本法。

第二条 国家安全是指国家政权、主权、统一和领土完整、人民福祉、经济社会可持续发展和国家其他重大利益相对处于没有危险和不受内外威胁的状态,以及保障持续安全状态的能力。

第三条 国家安全工作应当坚持总体国家安全观,以人民安全为宗旨,以政治安全为根本,以经济安全为基础,以军事、文化、社会安全为保障,以促进国际安全为依托,维护各领域国家安全,构建国家安全体系,走中国特色国家安全道路。

第四条 坚持中国共产党对国家安全工作的领导,建立集中统一、高效权威的国家安全领导体制。

第五条 中央国家安全领导机构负责国家安全工作的决策和议事协调,研究制定、指导实施国家安全战略和有关重大方针政策,统筹协调国家安全重大事项和重要工作,推动国家安全法治建设。

第六条 国家制定并不断完善国家安全战略,全面评估国际、国内安全形势,明确国家安全战略的指导方针、中长期目标、重点领域的国家安全政策、工作任务和措施。

第七条 维护国家安全,应当遵守宪法和法律,坚持社会主义法治原则,尊重和保障人权,依法保护公民的权利和自由。

第八条　维护国家安全,应当与经济社会发展相协调。

国家安全工作应当统筹内部安全和外部安全、国土安全和国民安全、传统安全和非传统安全、自身安全和共同安全。

第九条　维护国家安全,应当坚持预防为主、标本兼治,专门工作与群众路线相结合,充分发挥专门机关和其他有关机关维护国家安全的职能作用,广泛动员公民和组织,防范、制止和依法惩治危害国家安全的行为。

第十条　维护国家安全,应当坚持互信、互利、平等、协作,积极同外国政府和国际组织开展安全交流合作,履行国际安全义务,促进共同安全,维护世界和平。

第十一条　中华人民共和国公民、一切国家机关和武装力量、各政党和各人民团体、企业事业组织和其他社会组织,都有维护国家安全的责任和义务。

中国的主权和领土完整不容侵犯和分割。维护国家主权、统一和领土完整是包括港澳同胞和台湾同胞在内的全中国人民的共同义务。

第十二条　国家对在维护国家安全工作中作出突出贡献的个人和组织给予表彰和奖励。

第十三条　国家机关工作人员在国家安全工作和涉及国家安全活动中,滥用职权、玩忽职守、徇私舞弊的,依法追究法律责任。

任何个人和组织违反本法和有关法律,不履行维护国家安全义务或者从事危害国家安全活动的,依法追究法律责任。

第十四条　每年4月15日为全民国家安全教育日。

第二章 维护国家安全的任务

第十五条 国家坚持中国共产党的领导,维护中国特色社会主义制度,发展社会主义民主政治,健全社会主义法治,强化权力运行制约和监督机制,保障人民当家作主的各项权利。

国家防范、制止和依法惩治任何叛国、分裂国家、煽动叛乱、颠覆或者煽动颠覆人民民主专政政权的行为;防范、制止和依法惩治窃取、泄露国家秘密等危害国家安全的行为;防范、制止和依法惩治境外势力的渗透、破坏、颠覆、分裂活动。

第十六条 国家维护和发展最广大人民的根本利益,保卫人民安全,创造良好生存发展条件和安定工作生活环境,保障公民的生命财产安全和其他合法权益。

第十七条 国家加强边防、海防和空防建设,采取一切必要的防卫和管控措施,保卫领陆、内水、领海和领空安全,维护国家领土主权和海洋权益。

第十八条 国家加强武装力量革命化、现代化、正规化建设,建设与保卫国家安全和发展利益需要相适应的武装力量;实施积极防御军事战略方针,防备和抵御侵略,制止武装颠覆和分裂;开展国际军事安全合作,实施联合国维和、国际救援、海上护航和维护国家海外利益的军事行动,维护国家主权、安全、领土完整、发展利益和世界和平。

第十九条 国家维护国家基本经济制度和社会主义市场经济秩序,健全预防和化解经济安全风险的制度机制,保障关系国民经济命脉的重要行业和关键领域、重点产业、重大基础设施和重大建设项目以及其他重大经济利益安全。

第二十条 国家健全金融宏观审慎管理和金融风险防范、处置机制,加强金融基础设施和基础能力建设,防范和化解系统性、区域性金融风险,防范和抵御外部金融风险的冲击。

第二十一条 国家合理利用和保护资源能源,有效管控战略资源能源的开发,加强战略资源能源储备,完善资源能源运输战略通道建设和安全保护措施,加强国际资源能源合作,全面提升应急保障能力,保障经济社会发展所需的资源能源持续、可靠和有效供给。

第二十二条 国家健全粮食安全保障体系,保护和提高粮食综合生产能力,完善粮食储备制度、流通体系和市场调控机制,健全粮食安全预警制度,保障粮食供给和质量安全。

第二十三条 国家坚持社会主义先进文化前进方向,继承和弘扬中华民族优秀传统文化,培育和践行社会主义核心价值观,防范和抵制不良文化的影响,掌握意识形态领域主导权,增强文化整体实力和竞争力。

第二十四条 国家加强自主创新能力建设,加快发展自主可控的战略高新技术和重要领域核心关键技术,加强知识产权的运用、保护和科技保密能力建设,保障重大技术和工程的安全。

第二十五条 国家建设网络与信息安全保障体系,提升网络与信息安全保护能力,加强网络和信息技术的创新研究和开发应用,实现网络和信息核心技术、关键基础设施和重要领域信息系统及数据的安全可控;加强网络管理,防范、制止和依法惩治网络攻击、网络入侵、网络窃密、散布违法有害信息等网络违法犯罪行为,维护国家网络空间主权、安全和发展利益。

第二十六条 国家坚持和完善民族区域自治制度,巩固和发展平等团结互助和谐的社会主义民族关系。坚持各民族一律平等,加强民族交往、交流、交融,防范、制止和依法惩治民族分裂活动,维护国家统一、民族团结和社会和谐,实现各民族共同团结奋斗、共同繁荣发展。

第二十七条 国家依法保护公民宗教信仰自由和正常宗教活动,坚持宗教独立自主自办的原则,防范、制止和依法惩治利用宗教名义进行危害国家安全的违法犯罪活动,反对境外势力干涉境内宗教事务,维护正常宗教活动秩序。

国家依法取缔邪教组织,防范、制止和依法惩治邪教违法犯罪活动。

第二十八条 国家反对一切形式的恐怖主义和极端主义,加强防范和处置恐怖主义的能力建设,依法开展情报、调查、防范、处置以及资金监管等工作,依法取缔恐怖活动组织和严厉惩治暴力恐怖活动。

第二十九条 国家健全有效预防和化解社会矛盾的体制机制,健全公共安全体系,积极预防、减少和化解社会矛盾,妥善处置公共卫生、社会安全等影响国家安全和社会稳定的突发事件,促进社会和谐,维护公共安全和社会安定。

第三十条 国家完善生态环境保护制度体系,加大生态建设和环境保护力度,划定生态保护红线,强化生态风险的预警和防控,妥善处置突发环境事件,保障人民赖以生存发展的大气、水、土壤等自然环境和条件不受威胁和破坏,促进人与自然和谐发展。

第三十一条 国家坚持和平利用核能和核技术,加强国际合作,防止核扩散,完善防扩散机制,加强对核设施、核材料、核活动和核废料处置的安全管理、监管和保护,加强核事故应急体系和应急能力建设,防止、控制和消除核事故对公民生命健康和生态环境的危害,不断增强有效应对和防范核威胁、核攻击的能力。

第三十二条 国家坚持和平探索和利用外层空间、国际海底区域和极地,增强安全进出、科学考察、开发利用的能力,加强国际合作,维护我国在外层空间、国际海底区域和极地的活动、资产和其他利益的安全。

第三十三条 国家依法采取必要措施,保护海外中国公民、组织和机构的安全和正当权益,保护国家的海外利益不受威胁和侵害。

第三十四条 国家根据经济社会发展和国家发展利益的需要,不断完善维护国家安全的任务。

第三章　维护国家安全的职责

第三十五条 全国人民代表大会依照宪法规定,决定战争和和平的问题,行使宪法规定的涉及国家安全的其他职权。

全国人民代表大会常务委员会依照宪法规定,决定战争状态的宣布,决定全国总动员或者局部动员,决定全国或者个别省、自治区、直辖市进入紧急状态,行使宪法规定的和全国人民代表大会授予的涉及国家安全的其他职权。

第三十六条 中华人民共和国主席根据全国人民代表大会的决定和全国人民代表大会常务委员会的决定,宣布进入紧急状态,宣布战争状态,发布动员令,行使宪法规定的涉及国家安全的其他职权。

第三十七条 国务院根据宪法和法律,制定涉及国家安全的行政法规,规定有关行政措施,发布有关决定和命令;实施国家安全法律法规和政策;依照法律规定决定省、自治区、直辖市的范围内部分地区进入紧急状态;行使宪法法律规定的和全国人民代表大会及其常务委员会授予的涉及国家安全的其他职权。

第三十八条 中央军事委员会领导全国武装力量,决定军事战略和武装力量的作战方针,统一指挥维护国家安全的军事行动,制定涉及国家安全的军事法规,发布有关决定和命令。

第三十九条 中央国家机关各部门按照职责分工,贯彻执行国家安全方针政策和法律法规,管理指导本系统、本领域国家安全工作。

第四十条 地方各级人民代表大会和县级以上地方各级人民代表大会常务委员会在本行政区域内,保证国家安全法律法规的遵守和执行。

地方各级人民政府依照法律法规规定管理本行政区域内的国家安全工作。

香港特别行政区、澳门特别行政区应当履行维护国家安全的责任。

第四十一条 人民法院依照法律规定行使审判权,人民检察院依照法律规定行使检察权,惩治危害国家安全的犯罪。

第四十二条 国家安全机关、公安机关依法搜集涉及国家安全的情报信息,在国家安全工作中依法行使侦查、拘留、预审和执行逮捕以及法律规定的其他职权。

有关军事机关在国家安全工作中依法行使相关职权。

第四十三条 国家机关及其工作人员在履行职责时,应当贯彻维护国家安全的原则。

国家机关及其工作人员在国家安全工作和涉及国家安全活动中,应当严格依法履行职责,不得超越职权、滥用职权,不得侵犯个人和组织的合法权益。

第四章 国家安全制度

第一节 一般规定

第四十四条 中央国家安全领导机构实行统分结合、协调高效的国家安全制度与工作机制。

第四十五条 国家建立国家安全重点领域工作协调机制,统筹协调中央有关职能部门推进相关工作。

第四十六条 国家建立国家安全工作督促检查和责任追究机制,确保国家安全战略和重大部署贯彻落实。

第四十七条 各部门、各地区应当采取有效措施,贯彻实施国家安全战略。

第四十八条 国家根据维护国家安全工作需要,建立跨部门会商工作机制,就维护国家安全工作的重大事项进行会商研判,提出意见和建议。

第四十九条　国家建立中央与地方之间、部门之间、军地之间以及地区之间关于国家安全的协同联动机制。

第五十条　国家建立国家安全决策咨询机制,组织专家和有关方面开展对国家安全形势的分析研判,推进国家安全的科学决策。

第二节　情报信息

第五十一条　国家健全统一归口、反应灵敏、准确高效、运转顺畅的情报信息收集、研判和使用制度,建立情报信息工作协调机制,实现情报信息的及时收集、准确研判、有效使用和共享。

第五十二条　国家安全机关、公安机关、有关军事机关根据职责分工,依法搜集涉及国家安全的情报信息。

国家机关各部门在履行职责过程中,对于获取的涉及国家安全的有关信息应当及时上报。

第五十三条　开展情报信息工作,应当充分运用现代科学技术手段,加强对情报信息的鉴别、筛选、综合和研判分析。

第五十四条　情报信息的报送应当及时、准确、客观,不得迟报、漏报、瞒报和谎报。

第三节　风险预防、评估和预警

第五十五条　国家制定完善应对各领域国家安全风险预案。

第五十六条　国家建立国家安全风险评估机制,定期开展各领域国家安全风险调查评估。

有关部门应当定期向中央国家安全领导机构提交国家安全风险评估报告。

第五十七条 国家健全国家安全风险监测预警制度,根据国家安全风险程度,及时发布相应风险预警。

第五十八条 对可能即将发生或者已经发生的危害国家安全的事件,县级以上地方人民政府及其有关主管部门应当立即按照规定向上一级人民政府及其有关主管部门报告,必要时可以越级上报。

第四节 审查监管

第五十九条 国家建立国家安全审查和监管的制度和机制,对影响或者可能影响国家安全的外商投资、特定物项和关键技术、网络信息技术产品和服务、涉及国家安全事项的建设项目,以及其他重大事项和活动,进行国家安全审查,有效预防和化解国家安全风险。

第六十条 中央国家机关各部门依照法律、行政法规行使国家安全审查职责,依法作出国家安全审查决定或者提出安全审查意见并监督执行。

第六十一条 省、自治区、直辖市依法负责本行政区域内有关国家安全审查和监管工作。

第五节 危机管控

第六十二条 国家建立统一领导、协同联动、有序高效的

11

国家安全危机管控制度。

第六十三条 发生危及国家安全的重大事件,中央有关部门和有关地方根据中央国家安全领导机构的统一部署,依法启动应急预案,采取管控处置措施。

第六十四条 发生危及国家安全的特别重大事件,需要进入紧急状态、战争状态或者进行全国总动员、局部动员的,由全国人民代表大会、全国人民代表大会常务委员会或者国务院依照宪法和有关法律规定的权限和程序决定。

第六十五条 国家决定进入紧急状态、战争状态或者实施国防动员后,履行国家安全危机管控职责的有关机关依照法律规定或者全国人民代表大会常务委员会规定,有权采取限制公民和组织权利、增加公民和组织义务的特别措施。

第六十六条 履行国家安全危机管控职责的有关机关依法采取处置国家安全危机的管控措施,应当与国家安全危机可能造成的危害的性质、程度和范围相适应;有多种措施可供选择的,应当选择有利于最大程度保护公民、组织权益的措施。

第六十七条 国家健全国家安全危机的信息报告和发布机制。

国家安全危机事件发生后,履行国家安全危机管控职责的有关机关,应当按照规定准确、及时报告,并依法将有关国家安全危机事件发生、发展、管控处置及善后情况统一向社会发布。

第六十八条 国家安全威胁和危害得到控制或者消除后,应当及时解除管控处置措施,做好善后工作。

第五章　国家安全保障

第六十九条　国家健全国家安全保障体系,增强维护国家安全的能力。

第七十条　国家健全国家安全法律制度体系,推动国家安全法治建设。

第七十一条　国家加大对国家安全各项建设的投入,保障国家安全工作所需经费和装备。

第七十二条　承担国家安全战略物资储备任务的单位,应当按照国家有关规定和标准对国家安全物资进行收储、保管和维护,定期调整更换,保证储备物资的使用效能和安全。

第七十三条　鼓励国家安全领域科技创新,发挥科技在维护国家安全中的作用。

第七十四条　国家采取必要措施,招录、培养和管理国家安全工作专门人才和特殊人才。

根据维护国家安全工作的需要,国家依法保护有关机关专门从事国家安全工作人员的身份和合法权益,加大人身保护和安置保障力度。

第七十五条　国家安全机关、公安机关、有关军事机关开展国家安全专门工作,可以依法采取必要手段和方式,有关部门和地方应当在职责范围内提供支持和配合。

第七十六条　国家加强国家安全新闻宣传和舆论引导,通过多种形式开展国家安全宣传教育活动,将国家安全教育纳入国民教育体系和公务员教育培训体系,增强全民国家安全意识。

第六章　公民、组织的义务和权利

第七十七条　公民和组织应当履行下列维护国家安全的义务：

（一）遵守宪法、法律法规关于国家安全的有关规定；

（二）及时报告危害国家安全活动的线索；

（三）如实提供所知悉的涉及危害国家安全活动的证据；

（四）为国家安全工作提供便利条件或者其他协助；

（五）向国家安全机关、公安机关和有关军事机关提供必要的支持和协助；

（六）保守所知悉的国家秘密；

（七）法律、行政法规规定的其他义务。

任何个人和组织不得有危害国家安全的行为，不得向危害国家安全的个人或者组织提供任何资助或者协助。

第七十八条　机关、人民团体、企业事业组织和其他社会组织应当对本单位的人员进行维护国家安全的教育，动员、组织本单位的人员防范、制止危害国家安全的行为。

第七十九条　企业事业组织根据国家安全工作的要求，应当配合有关部门采取相关安全措施。

第八十条　公民和组织支持、协助国家安全工作的行为受法律保护。

因支持、协助国家安全工作，本人或者其近亲属的人身安全面临危险的，可以向公安机关、国家安全机关请求予以保护。公安机关、国家安全机关应当会同有关部门依法采取保护措施。

第八十一条　公民和组织因支持、协助国家安全工作导致财产损失的,按照国家有关规定给予补偿;造成人身伤害或者死亡的,按照国家有关规定给予抚恤优待。

第八十二条　公民和组织对国家安全工作有向国家机关提出批评建议的权利,对国家机关及其工作人员在国家安全工作中的违法失职行为有提出申诉、控告和检举的权利。

第八十三条　在国家安全工作中,需要采取限制公民权利和自由的特别措施时,应当依法进行,并以维护国家安全的实际需要为限度。

第七章　附　　则

第八十四条　本法自公布之日起施行。

中华人民共和国反间谍法

（2014年11月1日第十二届全国人民代表大会常务委员会第十一次会议通过 2023年4月26日第十四届全国人民代表大会常务委员会第二次会议修订）

目　　录

第一章　总　　则
第二章　安全防范
第三章　调查处置
第四章　保障与监督
第五章　法律责任
第六章　附　　则

第一章　总　　则

第一条　为了加强反间谍工作，防范、制止和惩治间谍行为，维护国家安全，保护人民利益，根据宪法，制定本法。

第二条　反间谍工作坚持党中央集中统一领导，坚持总体国家安全观，坚持公开工作与秘密工作相结合、专门工作与群众路线相结合,坚持积极防御、依法惩治、标本兼治,筑牢国家安全人民防线。

第三条 反间谍工作应当依法进行,尊重和保障人权,保障个人和组织的合法权益。

第四条 本法所称间谍行为,是指下列行为:

(一)间谍组织及其代理人实施或者指使、资助他人实施,或者境内外机构、组织、个人与其相勾结实施的危害中华人民共和国国家安全的活动;

(二)参加间谍组织或者接受间谍组织及其代理人的任务,或者投靠间谍组织及其代理人;

(三)间谍组织及其代理人以外的其他境外机构、组织、个人实施或者指使、资助他人实施,或者境内机构、组织、个人与其相勾结实施的窃取、刺探、收买、非法提供国家秘密、情报以及其他关系国家安全和利益的文件、数据、资料、物品,或者策动、引诱、胁迫、收买国家工作人员叛变的活动;

(四)间谍组织及其代理人实施或者指使、资助他人实施,或者境内外机构、组织、个人与其相勾结实施针对国家机关、涉密单位或者关键信息基础设施等的网络攻击、侵入、干扰、控制、破坏等活动;

(五)为敌人指示攻击目标;

(六)进行其他间谍活动。

间谍组织及其代理人在中华人民共和国领域内,或者利用中华人民共和国的公民、组织或者其他条件,从事针对第三国的间谍活动,危害中华人民共和国国家安全的,适用本法。

第五条 国家建立反间谍工作协调机制,统筹协调反间谍工作中的重大事项,研究、解决反间谍工作中的重大问题。

第六条　国家安全机关是反间谍工作的主管机关。

公安、保密等有关部门和军队有关部门按照职责分工,密切配合,加强协调,依法做好有关工作。

第七条　中华人民共和国公民有维护国家的安全、荣誉和利益的义务,不得有危害国家的安全、荣誉和利益的行为。

一切国家机关和武装力量、各政党和各人民团体、企业事业组织和其他社会组织,都有防范、制止间谍行为,维护国家安全的义务。

国家安全机关在反间谍工作中必须依靠人民的支持,动员、组织人民防范、制止间谍行为。

第八条　任何公民和组织都应当依法支持、协助反间谍工作,保守所知悉的国家秘密和反间谍工作秘密。

第九条　国家对支持、协助反间谍工作的个人和组织给予保护。

对举报间谍行为或者在反间谍工作中做出重大贡献的个人和组织,按照国家有关规定给予表彰和奖励。

第十条　境外机构、组织、个人实施或者指使、资助他人实施的,或者境内机构、组织、个人与境外机构、组织、个人相勾结实施的危害中华人民共和国国家安全的间谍行为,都必须受到法律追究。

第十一条　国家安全机关及其工作人员在工作中,应当严格依法办事,不得超越职权、滥用职权,不得侵犯个人和组织的合法权益。

国家安全机关及其工作人员依法履行反间谍工作职责获

取的个人和组织的信息,只能用于反间谍工作。对属于国家秘密、工作秘密、商业秘密和个人隐私、个人信息的,应当保密。

第二章 安全防范

第十二条 国家机关、人民团体、企业事业组织和其他社会组织承担本单位反间谍安全防范工作的主体责任,落实反间谍安全防范措施,对本单位的人员进行维护国家安全的教育,动员、组织本单位的人员防范、制止间谍行为。

地方各级人民政府、相关行业主管部门按照职责分工,管理本行政区域、本行业有关反间谍安全防范工作。

国家安全机关依法协调指导、监督检查反间谍安全防范工作。

第十三条 各级人民政府和有关部门应当组织开展反间谍安全防范宣传教育,将反间谍安全防范知识纳入教育、培训、普法宣传内容,增强全民反间谍安全防范意识和国家安全素养。

新闻、广播、电视、文化、互联网信息服务等单位,应当面向社会有针对性地开展反间谍宣传教育。

国家安全机关应当根据反间谍安全防范形势,指导有关单位开展反间谍宣传教育活动,提高防范意识和能力。

第十四条 任何个人和组织都不得非法获取、持有属于国家秘密的文件、数据、资料、物品。

第十五条 任何个人和组织都不得非法生产、销售、持有、使用间谍活动特殊需要的专用间谍器材。专用间谍器材由国务院国家安全主管部门依照国家有关规定确认。

第十六条 任何公民和组织发现间谍行为,应当及时向国家安全机关举报;向公安机关等其他国家机关、组织举报的,相关国家机关、组织应当立即移送国家安全机关处理。

国家安全机关应当将受理举报的电话、信箱、网络平台等向社会公开,依法及时处理举报信息,并为举报人保密。

第十七条 国家建立反间谍安全防范重点单位管理制度。

反间谍安全防范重点单位应当建立反间谍安全防范工作制度,履行反间谍安全防范工作要求,明确内设职能部门和人员承担反间谍安全防范职责。

第十八条 反间谍安全防范重点单位应当加强对工作人员反间谍安全防范的教育和管理,对离岗离职人员脱密期内履行反间谍安全防范义务的情况进行监督检查。

第十九条 反间谍安全防范重点单位应当加强对涉密事项、场所、载体等的日常安全防范管理,采取隔离加固、封闭管理、设置警戒等反间谍物理防范措施。

第二十条 反间谍安全防范重点单位应当按照反间谍技术防范的要求和标准,采取相应的技术措施和其他必要措施,加强对要害部门部位、网络设施、信息系统的反间谍技术防范。

第二十一条 在重要国家机关、国防军工单位和其他重要涉密单位以及重要军事设施的周边安全控制区域内新建、改建、扩建建设项目的,由国家安全机关实施涉及国家安全事项的建设项目许可。

县级以上地方各级人民政府编制国民经济和社会发展规划、国土空间规划等有关规划,应当充分考虑国家安全因素和划定的安全控制区域,征求国家安全机关的意见。

安全控制区域的划定应当统筹发展和安全,坚持科学合理、确有必要的原则,由国家安全机关会同发展改革、自然资源、住房城乡建设、保密、国防科技工业等部门以及军队有关部门共同划定,报省、自治区、直辖市人民政府批准并动态调整。

涉及国家安全事项的建设项目许可的具体实施办法,由国务院国家安全主管部门会同有关部门制定。

第二十二条　国家安全机关根据反间谍工作需要,可以会同有关部门制定反间谍技术防范标准,指导有关单位落实反间谍技术防范措施,对存在隐患的单位,经过严格的批准手续,可以进行反间谍技术防范检查和检测。

第三章　调查处置

第二十三条　国家安全机关在反间谍工作中依法行使本法和有关法律规定的职权。

第二十四条　国家安全机关工作人员依法执行反间谍工作任务时,依照规定出示工作证件,可以查验中国公民或者境外人员的身份证明,向有关个人和组织问询有关情况,对身份不明、有间谍行为嫌疑的人员,可以查看其随带物品。

第二十五条　国家安全机关工作人员依法执行反间谍工作任务时,经设区的市级以上国家安全机关负责人批准,出示工作证件,可以查验有关个人和组织的电子设备、设施及有关程序、工具。查验中发现存在危害国家安全情形的,国家安全机关应当责令其采取措施立即整改。拒绝整改或者整改后仍存在危害国家安全隐患的,可以予以查封、扣押。

对依照前款规定查封、扣押的电子设备、设施及有关程序、工具,在危害国家安全的情形消除后,国家安全机关应当及时解除查封、扣押。

第二十六条 国家安全机关工作人员依法执行反间谍工作任务时,根据国家有关规定,经设区的市级以上国家安全机关负责人批准,可以查阅、调取有关的文件、数据、资料、物品,有关个人和组织应当予以配合。查阅、调取不得超出执行反间谍工作任务所需的范围和限度。

第二十七条 需要传唤违反本法的人员接受调查的,经国家安全机关办案部门负责人批准,使用传唤证传唤。对现场发现的违反本法的人员,国家安全机关工作人员依照规定出示工作证件,可以口头传唤,但应当在询问笔录中注明。传唤的原因和依据应当告知被传唤人。对无正当理由拒不接受传唤或者逃避传唤的人,可以强制传唤。

国家安全机关应当在被传唤人所在市、县内的指定地点或者其住所进行询问。

国家安全机关对被传唤人应当及时询问查证。询问查证的时间不得超过八小时;情况复杂,可能适用行政拘留或者涉嫌犯罪的,询问查证的时间不得超过二十四小时。国家安全机关应当为被传唤人提供必要的饮食和休息时间。严禁连续传唤。

除无法通知或者可能妨碍调查的情形以外,国家安全机关应当及时将传唤的原因通知被传唤人家属。在上述情形消失后,应当立即通知被传唤人家属。

第二十八条　国家安全机关调查间谍行为,经设区的市级以上国家安全机关负责人批准,可以依法对涉嫌间谍行为的人身、物品、场所进行检查。

检查女性身体的,应当由女性工作人员进行。

第二十九条　国家安全机关调查间谍行为,经设区的市级以上国家安全机关负责人批准,可以查询涉嫌间谍行为人员的相关财产信息。

第三十条　国家安全机关调查间谍行为,经设区的市级以上国家安全机关负责人批准,可以对涉嫌用于间谍行为的场所、设施或者财物依法查封、扣押、冻结;不得查封、扣押、冻结与被调查的间谍行为无关的场所、设施或者财物。

第三十一条　国家安全机关工作人员在反间谍工作中采取查阅、调取、传唤、检查、查询、查封、扣押、冻结等措施,应当由二人以上进行,依照有关规定出示工作证件及相关法律文书,并由相关人员在有关笔录等书面材料上签名、盖章。

国家安全机关工作人员进行检查、查封、扣押等重要取证工作,应当对全过程进行录音录像,留存备查。

第三十二条　在国家安全机关调查了解有关间谍行为的情况、收集有关证据时,有关个人和组织应当如实提供,不得拒绝。

第三十三条　对出境后可能对国家安全造成危害,或者对国家利益造成重大损失的中国公民,国务院国家安全主管部门可以决定其在一定期限内不准出境,并通知移民管理机构。

对涉嫌间谍行为人员,省级以上国家安全机关可以通知移民管理机构不准其出境。

第三十四条 对入境后可能进行危害中华人民共和国国家安全活动的境外人员,国务院国家安全主管部门可以通知移民管理机构不准其入境。

第三十五条 对国家安全机关通知不准出境或者不准入境的人员,移民管理机构应当按照国家有关规定执行;不准出境、入境情形消失的,国家安全机关应当及时撤销不准出境、入境决定,并通知移民管理机构。

第三十六条 国家安全机关发现涉及间谍行为的网络信息内容或者网络攻击等风险,应当依照《中华人民共和国网络安全法》规定的职责分工,及时通报有关部门,由其依法处置或者责令电信业务经营者、互联网服务提供者及时采取修复漏洞、加固网络防护、停止传输、消除程序和内容、暂停相关服务、下架相关应用、关闭相关网站等措施,保存相关记录。情况紧急,不立即采取措施将对国家安全造成严重危害的,由国家安全机关责令有关单位修复漏洞、停止相关传输、暂停相关服务,并通报有关部门。

经采取相关措施,上述信息内容或者风险已经消除的,国家安全机关和有关部门应当及时作出恢复相关传输和服务的决定。

第三十七条 国家安全机关因反间谍工作需要,根据国家有关规定,经过严格的批准手续,可以采取技术侦察措施和身份保护措施。

第三十八条 对违反本法规定,涉嫌犯罪,需要对有关事项是否属于国家秘密或者情报进行鉴定以及需要对危害后果进行评估的,由国家保密部门或者省、自治区、直辖市保密部门按照程序在一定期限内进行鉴定和组织评估。

第三十九条　国家安全机关经调查,发现间谍行为涉嫌犯罪的,应当依照《中华人民共和国刑事诉讼法》的规定立案侦查。

第四章　保障与监督

第四十条　国家安全机关工作人员依法履行职责,受法律保护。

第四十一条　国家安全机关依法调查间谍行为,邮政、快递等物流运营单位和电信业务经营者、互联网服务提供者应当提供必要的支持和协助。

第四十二条　国家安全机关工作人员因执行紧急任务需要,经出示工作证件,享有优先乘坐公共交通工具、优先通行等通行便利。

第四十三条　国家安全机关工作人员依法执行任务时,依照规定出示工作证件,可以进入有关场所、单位;根据国家有关规定,经过批准,出示工作证件,可以进入限制进入的有关地区、场所、单位。

第四十四条　国家安全机关因反间谍工作需要,根据国家有关规定,可以优先使用或者依法征用国家机关、人民团体、企业事业组织和其他社会组织以及个人的交通工具、通信工具、场地和建筑物等,必要时可以设置相关工作场所和设施设备,任务完成后应当及时归还或者恢复原状,并依照规定支付相应费用;造成损失的,应当给予补偿。

第四十五条　国家安全机关因反间谍工作需要,根据国家有关规定,可以提请海关、移民管理等检查机关对有关人员提供通关便利,对有关资料、器材等予以免检。有关检查机关应当依法予以协助。

第四十六条　国家安全机关工作人员因执行任务,或者个人因协助执行反间谍工作任务,本人或者其近亲属的人身安全受到威胁时,国家安全机关应当会同有关部门依法采取必要措施,予以保护、营救。

个人因支持、协助反间谍工作,本人或者其近亲属的人身安全面临危险的,可以向国家安全机关请求予以保护。国家安全机关应当会同有关部门依法采取保护措施。

个人和组织因支持、协助反间谍工作导致财产损失的,根据国家有关规定给予补偿。

第四十七条　对为反间谍工作做出贡献并需要安置的人员,国家给予妥善安置。

公安、民政、财政、卫生健康、教育、人力资源和社会保障、退役军人事务、医疗保障、移民管理等有关部门以及国有企业事业单位应当协助国家安全机关做好安置工作。

第四十八条　对因开展反间谍工作或者支持、协助反间谍工作导致伤残或者牺牲、死亡的人员,根据国家有关规定给予相应的抚恤优待。

第四十九条　国家鼓励反间谍领域科技创新,发挥科技在反间谍工作中的作用。

第五十条　国家安全机关应当加强反间谍专业力量人才

队伍建设和专业训练,提升反间谍工作能力。

对国家安全机关工作人员应当有计划地进行政治、理论和业务培训。培训应当坚持理论联系实际、按需施教、讲求实效,提高专业能力。

第五十一条　国家安全机关应当严格执行内部监督和安全审查制度,对其工作人员遵守法律和纪律等情况进行监督,并依法采取必要措施,定期或者不定期进行安全审查。

第五十二条　任何个人和组织对国家安全机关及其工作人员超越职权、滥用职权和其他违法行为,都有权向上级国家安全机关或者监察机关、人民检察院等有关部门检举、控告。受理检举、控告的国家安全机关或者监察机关、人民检察院等有关部门应当及时查清事实,依法处理,并将处理结果及时告知检举人、控告人。

对支持、协助国家安全机关工作或者依法检举、控告的个人和组织,任何个人和组织不得压制和打击报复。

第五章　法 律 责 任

第五十三条　实施间谍行为,构成犯罪的,依法追究刑事责任。

第五十四条　个人实施间谍行为,尚不构成犯罪的,由国家安全机关予以警告或者处十五日以下行政拘留,单处或者并处五万元以下罚款,违法所得在五万元以上的,单处或者并处违法所得一倍以上五倍以下罚款,并可以由有关部门依法予以处分。

明知他人实施间谍行为,为其提供信息、资金、物资、劳务、技术、场所等支持、协助,或者窝藏、包庇,尚不构成犯罪的,依照前款的规定处罚。

单位有前两款行为的,由国家安全机关予以警告,单处或者并处五十万元以下罚款,违法所得在五十万元以上的,单处或者并处违法所得一倍以上五倍以下罚款,并对直接负责的主管人员和其他直接责任人员,依照第一款的规定处罚。

国家安全机关根据相关单位、人员违法情节和后果,可以建议有关主管部门依法责令停止从事相关业务、提供相关服务或者责令停产停业、吊销有关证照、撤销登记。有关主管部门应当将作出行政处理的情况及时反馈国家安全机关。

第五十五条 实施间谍行为,有自首或者立功表现的,可以从轻、减轻或者免除处罚;有重大立功表现的,给予奖励。

在境外受胁迫或者受诱骗参加间谍组织、敌对组织,从事危害中华人民共和国国家安全的活动,及时向中华人民共和国驻外机构如实说明情况,或者入境后直接或者通过所在单位及时向国家安全机关如实说明情况,并有悔改表现的,可以不予追究。

第五十六条 国家机关、人民团体、企业事业组织和其他社会组织未按照本法规定履行反间谍安全防范义务的,国家安全机关可以责令改正;未按照要求改正的,国家安全机关可以约谈相关负责人,必要时可以将约谈情况通报该单位上级主管部门;产生危害后果或者不良影响的,国家安全机关可以予以警告、通报批评;情节严重的,对负有责任的领导人员和直接责任人员,由有关部门依法予以处分。

第五十七条 违反本法第二十一条规定新建、改建、扩建建设项目的,由国家安全机关责令改正,予以警告;拒不改正或者情节严重的,责令停止建设或者使用、暂扣或者吊销许可证件,或者建议有关主管部门依法予以处理。

第五十八条 违反本法第四十一条规定的,由国家安全机关责令改正,予以警告或者通报批评;拒不改正或者情节严重的,由有关主管部门依照相关法律法规予以处罚。

第五十九条 违反本法规定,拒不配合数据调取的,由国家安全机关依照《中华人民共和国数据安全法》的有关规定予以处罚。

第六十条 违反本法规定,有下列行为之一,构成犯罪的,依法追究刑事责任;尚不构成犯罪的,由国家安全机关予以警告或者处十日以下行政拘留,可以并处三万元以下罚款:

(一)泄露有关反间谍工作的国家秘密;

(二)明知他人有间谍犯罪行为,在国家安全机关向其调查有关情况、收集有关证据时,拒绝提供;

(三)故意阻碍国家安全机关依法执行任务;

(四)隐藏、转移、变卖、损毁国家安全机关依法查封、扣押、冻结的财物;

(五)明知是间谍行为的涉案财物而窝藏、转移、收购、代为销售或者以其他方法掩饰、隐瞒;

(六)对依法支持、协助国家安全机关工作的个人和组织进行打击报复。

第六十一条 非法获取、持有属于国家秘密的文件、数据、资料、物品,以及非法生产、销售、持有、使用专用间谍器材,尚不构成犯罪的,由国家安全机关予以警告或者处十日以下行政拘留。

第六十二条　国家安全机关对依照本法查封、扣押、冻结的财物,应当妥善保管,并按照下列情形分别处理:

(一)涉嫌犯罪的,依照《中华人民共和国刑事诉讼法》等有关法律的规定处理;

(二)尚不构成犯罪,有违法事实的,对依法应当没收的予以没收,依法应当销毁的予以销毁;

(三)没有违法事实的,或者与案件无关的,应当解除查封、扣押、冻结,并及时返还相关财物;造成损失的,应当依法予以赔偿。

第六十三条　涉案财物符合下列情形之一的,应当依法予以追缴、没收,或者采取措施消除隐患:

(一)违法所得的财物及其孳息、收益,供实施间谍行为所用的本人财物;

(二)非法获取、持有的属于国家秘密的文件、数据、资料、物品;

(三)非法生产、销售、持有、使用的专用间谍器材。

第六十四条　行为人及其近亲属或者其他相关人员,因行为人实施间谍行为从间谍组织及其代理人获取的所有利益,由国家安全机关依法采取追缴、没收等措施。

第六十五条　国家安全机关依法收缴的罚款以及没收的财物,一律上缴国库。

第六十六条　境外人员违反本法的,国务院国家安全主管部门可以决定限期出境,并决定其不准入境的期限。未在规定期限内离境的,可以遣送出境。

对违反本法的境外人员,国务院国家安全主管部门决定驱逐出境的,自被驱逐出境之日起十年内不准入境,国务院国家安全主管部门的处罚决定为最终决定。

第六十七条　国家安全机关作出行政处罚决定之前,应当告知当事人拟作出的行政处罚内容及事实、理由、依据,以及当事人依法享有的陈述、申辩、要求听证等权利,并依照《中华人民共和国行政处罚法》的有关规定实施。

第六十八条　当事人对行政处罚决定、行政强制措施决定、行政许可决定不服的,可以自收到决定书之日起六十日内,依法申请复议;对复议决定不服的,可以自收到复议决定书之日起十五日内,依法向人民法院提起诉讼。

第六十九条　国家安全机关工作人员滥用职权、玩忽职守、徇私舞弊,或者有非法拘禁、刑讯逼供、暴力取证、违反规定泄露国家秘密、工作秘密、商业秘密和个人隐私、个人信息等行为,依法予以处分,构成犯罪的,依法追究刑事责任。

第六章　附　　则

第七十条　国家安全机关依照法律、行政法规和国家有关规定,履行防范、制止和惩治间谍行为以外的危害国家安全行为的职责,适用本法的有关规定。

公安机关在依法履行职责过程中发现、惩治危害国家安全的行为,适用本法的有关规定。

第七十一条　本法自2023年7月1日起施行。

反间谍安全防范工作规定

(2021年4月26日中华人民共和国国家安全部令第1号公布 自公布之日起施行)

第一章 总 则

第一条 为了加强和规范反间谍安全防范工作,督促机关、团体、企业事业组织和其他社会组织落实反间谍安全防范责任,根据《中华人民共和国国家安全法》、《中华人民共和国反间谍法》、《中华人民共和国反间谍法实施细则》等有关法律法规,制定本规定。

第二条 机关、团体、企业事业组织和其他社会组织在国家安全机关的协调和指导下开展反间谍安全防范工作,适用本规定。

第三条 开展反间谍安全防范工作,应当坚持中央统一领导,坚持总体国家安全观,坚持专门工作与群众路线相结合,坚持人防物防技防相结合,严格遵守法定权限和程序,尊重和保障人权,保护公民、组织的合法权益。

第四条 机关、团体、企业事业组织和其他社会组织承担本单位反间谍安全防范工作的主体责任,应当对本单位的人员进行维护国家安全的教育,动员、组织本单位的人员防范、制止间谍行为和其他危害国家安全的行为。

行业主管部门在其职权范围内,监督管理本行业反间谍安全防范工作。

第五条 各级国家安全机关按照管理权限,依法对机关、团体、企业事业组织和其他社会组织开展反间谍安全防范工作进行业务指导和督促检查。

第六条 国家安全机关及其工作人员对履行反间谍安全防范指导和检查工作职责中知悉的国家秘密、工作秘密、商业秘密、个人隐私和个人信息,应当严格保密,不得泄露或者向他人非法提供。

第二章 反间谍安全防范责任

第七条 行业主管部门应当履行下列反间谍安全防范监督管理责任:

(一)根据主管行业特点,明确本行业反间谍安全防范工作要求;

(二)配合国家安全机关制定主管行业反间谍安全防范重点单位名录、开展反间谍安全防范工作;

(三)指导、督促主管行业所属重点单位履行反间谍安全防范义务;

(四)其他应当履行的反间谍安全防范行业管理责任。

有关行业主管部门应当与国家安全机关建立健全反间谍安全防范协作机制,加强信息互通、情况会商、协同指导、联合督查,共同做好反间谍安全防范工作。

第八条 机关、团体、企业事业组织和其他社会组织应当

落实反间谍安全防范主体责任,履行下列义务:

(一)开展反间谍安全防范教育、培训,提高本单位人员的安全防范意识和应对能力;

(二)加强本单位反间谍安全防范管理,落实有关安全防范措施;

(三)及时向国家安全机关报告涉及间谍行为和其他危害国家安全行为的可疑情况;

(四)为国家安全机关依法执行任务提供便利或者其他协助;

(五)妥善应对和处置涉及本单位和本单位人员的反间谍安全防范突发情况;

(六)其他应当履行的反间谍安全防范义务。

第九条 国家安全机关根据单位性质、所属行业、涉密等级、涉外程度以及是否发生过危害国家安全案事件等因素,会同有关部门制定并定期调整反间谍安全防范重点单位名录,以书面形式告知重点单位。反间谍安全防范重点单位除履行本规定第八条规定的义务外,还应当履行下列义务:

(一)建立健全反间谍安全防范工作制度;

(二)明确本单位相关机构和人员承担反间谍安全防范职责;

(三)加强对涉密事项、场所、载体、数据、岗位和人员的日常安全防范管理,对涉密人员实行上岗前反间谍安全防范审查,与涉密人员签订安全防范承诺书;

(四)组织涉密、涉外人员向本单位报告涉及国家安全事项,并做好数据信息动态管理;

（五）做好涉外交流合作中的反间谍安全防范工作，制定并落实有关预案措施；

（六）做好本单位出国（境）团组、人员和长期驻外人员的反间谍安全防范行前教育、境外管理和回国（境）访谈工作；

（七）定期对涉密、涉外人员开展反间谍安全防范教育、培训；

（八）按照反间谍技术安全防范标准，配备必要的设备、设施，落实有关技术安全防范措施；

（九）定期对本单位反间谍安全防范工作进行自查，及时发现和消除安全隐患。

第十条　关键信息基础设施运营者除履行本规定第八条规定的义务外，还应当履行下列义务：

（一）对本单位安全管理机构负责人和关键岗位人员进行反间谍安全防范审查；

（二）定期对从业人员进行反间谍安全防范教育、培训；

（三）采取反间谍技术安全防范措施，防范、制止境外网络攻击、网络入侵、网络窃密等间谍行为，保障网络和信息核心技术、关键基础设施和重要领域信息系统及数据的安全。

列入反间谍安全防范重点单位名录的关键信息基础设施运营者，还应当履行本规定第九条规定的义务。

第三章　反间谍安全防范指导

第十一条　国家安全机关可以通过下列方式，对机关、团体、企业事业组织和其他社会组织落实反间谍安全防范责任进行指导：

（一）提供工作手册、指南等宣传教育材料；
（二）印发书面指导意见；
（三）举办工作培训；
（四）召开工作会议；
（五）提醒、劝告；
（六）其他指导方式。

第十二条　国家安全机关定期分析反间谍安全防范形势，开展风险评估，通报有关单位，向有关单位提出加强和改进反间谍安全防范工作的意见和建议。

第十三条　国家安全机关运用网络、媒体平台、国家安全教育基地（馆）等，开展反间谍安全防范宣传教育。

第十四条　国家安全机关会同教育主管部门，指导学校向全体师生开展反间谍安全防范教育，对参加出国（境）学习、交流的师生加强反间谍安全防范行前教育和回国（境）访谈。

第十五条　国家安全机关会同科技主管部门，指导各类科研机构向科研人员开展反间谍安全防范教育，对参加出国（境）学习、交流的科研人员加强反间谍安全防范行前教育和回国（境）访谈。

第十六条　国家安全机关会同有关部门，组织、动员居（村）民委员会结合本地实际配合开展群众性反间谍安全防范宣传教育。

第十七条　国家安全机关会同宣传主管部门，协调和指导广播、电视、报刊、互联网等媒体开展反间谍安全防范宣传活动，制作、刊登、播放反间谍安全防范公益广告、典型案例、宣传教育节目或者其他宣传品,提高公众反间谍安全防范意识。

第十八条　公民、组织可以通过国家安全机关12339举报受理电话、网络举报受理平台或者国家安全机关公布的其他举报方式,举报间谍行为和其他危害国家安全的行为,以及各类反间谍安全防范问题线索。

第十九条　国家安全机关应当严格为举报人保密,保护举报人的人身财产安全。未经举报人同意,不得以任何方式公开或者泄露其个人信息。

公民因举报间谍行为或者其他危害国家安全行为,本人或者其近亲属的人身安全面临危险的,可以向国家安全机关请求予以保护。国家安全机关应当会同有关部门依法采取保护措施。

第二十条　对反间谍安全防范工作中取得显著成绩或者做出重大贡献的单位和个人,符合下列条件之一的,国家安全机关可以按照国家有关规定,会同有关部门、单位给予表彰、奖励:

(一)提供重要情况或者线索,为国家安全机关发现、破获间谍案件或者其他危害国家安全案件,或者为有关单位防范、消除涉及国家安全的重大风险隐患或者现实危害发挥重要作用的;

(二)密切配合国家安全机关执行任务,表现突出的;

(三)防范、制止间谍行为或者其他危害国家安全行为,表现突出的;

(四)主动采取措施,及时消除本单位涉及国家安全的重

大风险隐患或者现实危害,挽回重大损失的;

(五)在反间谍安全防范工作中,有重大创新或者成效特别显著的;

(六)在反间谍安全防范工作中做出其他重大贡献的。

第四章　反间谍安全防范检查

第二十一条　国家安全机关对有下列情形之一的,经设区的市级以上国家安全机关负责人批准,并出具法律文书,可以对机关、团体、企业事业组织和其他社会组织开展反间谍安全防范检查:

(一)发现反间谍安全防范风险隐患;

(二)接到反间谍安全防范问题线索举报;

(三)依据有关单位的申请;

(四)因其他反间谍安全防范工作需要。

第二十二条　国家安全机关可以通过下列方式对机关、团体、企业事业组织和其他社会组织的反间谍安全防范工作进行检查:

(一)向有关单位和人员了解情况;

(二)调阅有关资料;

(三)听取有关工作说明;

(四)进入有关单位、场所实地查看;

(五)查验电子通信工具、器材等设备、设施;

(六)反间谍技术防范检查和检测;

(七)其他法律、法规、规章授权的检查方式。

第二十三条　经设区的市级以上国家安全机关负责人批

准,国家安全机关可以对存在风险隐患的机关、团体、企业事业组织和其他社会组织的相关部位、场所和建筑物、内部设备设施、强弱电系统、计算机网络及信息系统、关键信息基础设施等开展反间谍技术防范检查检测,防范、发现和处置危害国家安全的情况。

第二十四条　国家安全机关可以采取下列方式开展反间谍技术防范检查检测:

(一)进入有关单位、场所,进行现场技术检查;

(二)使用专用设备,对有关部位、场所、链路、网络进行技术检测;

(三)对有关设备设施、网络、系统进行远程技术检测。

第二十五条　国家安全机关开展反间谍技术防范现场检查检测时,检查人员不得少于两人,并应当出示相应证件。

国家安全机关开展远程技术检测,应当事先告知被检测对象检测时间、检测范围等事项。

检查检测人员应当制作检查检测记录,如实记录检查检测情况。

第二十六条　国家安全机关在开展反间谍技术防范检查检测中,为防止危害发生或者扩大,可以依法责令被检查对象采取技术屏蔽、隔离、拆除或者停止使用相关设备设施、网络、系统等整改措施,指导和督促有关措施的落实,并在检查检测记录中注明。

第二十七条　国家安全机关可以根据反间谍安全防范检查情况,向被检查单位提出加强和改进反间谍安全防范工作的意见和建议,督促有关单位落实反间谍安全防范责任和义务。

第五章　法律责任

第二十八条　机关、团体、企业事业组织和其他社会组织违反本规定,有下列情形之一的,国家安全机关可以依法责令限期整改;被责令整改单位应当于整改期限届满前向国家安全机关提交整改报告,国家安全机关应当自收到整改报告之日起十五个工作日内对整改情况进行检查:

（一）不认真履行反间谍安全防范责任和义务,安全防范工作措施不落实或者落实不到位,存在明显问题隐患的;

（二）不接受国家安全机关反间谍安全防范指导和检查的;

（三）发生间谍案件、叛逃案件,为境外窃取、刺探、收买、非法提供国家秘密、情报案件,以及其他危害国家安全案事件的;

（四）发现涉及间谍行为和其他危害国家安全行为的可疑情况,迟报、漏报、瞒报,造成不良后果或者影响的;

（五）不配合或者阻碍国家安全机关依法执行任务的。

对未按照要求整改或者未达到整改要求的,国家安全机关可以依法约谈相关负责人,并将约谈情况通报该单位上级主管部门。

第二十九条　机关、团体、企业事业组织和其他社会组织及其工作人员未履行或者未按照规定履行反间谍安全防范责任和义务,造成不良后果或者影响的,国家安全机关可以向有关机关、单位移送问题线索,建议有关机关、单位按照管理权限对负有责任的领导人员和直接责任人员依规依纪依法予以处理;构成犯罪的,依法追究刑事责任。

第三十条　国家安全机关及其工作人员在反间谍安全防范指导和检查工作中,滥用职权、玩忽职守、徇私舞弊的,对负有责任的领导人员和直接责任人员依规依纪依法予以处理;构成犯罪的,依法追究刑事责任。

第六章　附　　则

第三十一条　本规定自公布之日起施行。

公民举报危害国家安全行为奖励办法

(2022年6月6日中华人民共和国国家安全部令第2号公布　自公布之日起施行)

第一章　总　　则

第一条　为了鼓励公民举报危害国家安全行为,规范危害国家安全行为举报奖励工作,动员全社会力量共同维护国家安全,根据《中华人民共和国国家安全法》、《中华人民共和国反间谍法》、《中华人民共和国反间谍法实施细则》等法律法规,制定本办法。

第二条　国家安全机关在法定职责范围内对公民举报危害国家安全行为实施奖励,适用本办法。

第三条　对举报危害国家安全行为的公民实施奖励,应当贯彻总体国家安全观,坚持国家安全一切为了人民、一切依靠人民,坚持专门工作与群众路线相结合,坚持客观公正、依法依规。

第四条　公民可以通过下列方式向国家安全机关举报:

(一)拨打国家安全机关12339举报受理电话;

（二）登录国家安全机关互联网举报受理平台网站 www.12339.gov.cn；

（三）向国家安全机关投递信函；

（四）到国家安全机关当面举报；

（五）通过其他国家机关或者举报人所在单位向国家安全机关报告；

（六）其他举报方式。

第五条 公民可以实名或者匿名进行举报。实名举报应当提供真实身份信息和有效联系方式。匿名举报人有奖励诉求的，应当提供能够辨识其举报身份的信息。

提倡和鼓励实名举报。

第六条 国家安全机关以及依法知情的其他组织和个人应当严格为举报人保密，未经举报人同意，不得以任何方式泄露举报人身份相关信息。

因举报危害国家安全行为，举报人本人或者其近亲属的人身安全面临危险的，可以向国家安全机关请求予以保护。国家安全机关应当会同有关部门依法采取有效保护措施。国家安全机关认为有必要的，应当依职权及时、主动采取保护措施。

第七条 国家安全机关会同宣传主管部门，协调和指导广播、电视、报刊、互联网等媒体对举报危害国家安全行为的渠道方式、典型案例、先进事迹等进行宣传，制作、刊登、播放有关公益广告、宣传教育节目或者其他宣传品，增强公民维护国家安全意识，提高公民举报危害国家安全行为的积极性、主动性。

第二章　奖励条件、方式和标准

第八条　获得举报奖励应当同时符合下列条件：

（一）有明确的举报对象，或者具体的危害国家安全行为线索或者情况；

（二）举报事项事先未被国家安全机关掌握，或者虽被国家安全机关有所掌握，但举报人提供的情况更为具体详实；

（三）举报内容经国家安全机关查证属实，为防范、制止和惩治危害国家安全行为发挥了作用、作出了贡献。

第九条　有下列情形之一的，不予奖励或者不予重复奖励：

（一）国家安全机关工作人员或者其他具有法定职责的人员举报的，不予奖励；

（二）无法验证举报人身份，或者无法与举报人取得联系的，不予奖励；

（三）最终认定的违法事实与举报事项不一致的，不予奖励；

（四）对同一举报人的同一举报事项，不予重复奖励；对同一举报人提起的两个或者两个以上有包含关系的举报事项，相同内容部分不予重复奖励；

（五）经由举报线索调查发现新的危害国家安全行为或者违法主体的，不予重复奖励；

（六）其他不符合法律法规规章规定的奖励情形。

第十条　两人及两人以上举报的，按照下列规则进行奖励认定：

（一）同一事项由两个及两个以上举报人分别举报的，奖励最先举报人，举报次序以国家安全机关受理举报的登记时间为准，最先举报人以外的其他举报人可以酌情给予奖励；

（二）两人及两人以上联名举报同一线索或者情况的，按同一举报奖励。

第十一条 国家安全机关根据违法线索查证结果、违法行为危害程度、举报发挥作用情况等，综合评估确定奖励等级，给予精神奖励或者物质奖励。

给予精神奖励的，颁发奖励证书；给予物质奖励的，发放奖金。

征得举报人及其所在单位同意后，可以由举报人所在单位对举报人实施奖励。

第十二条 以发放奖金方式进行奖励的，具体标准如下：

（一）对防范、制止和惩治危害国家安全行为发挥一定作用、作出一定贡献的，给予人民币1万元以下奖励；

（二）对防范、制止和惩治危害国家安全行为发挥重要作用、作出重要贡献的，给予人民币1万元至3万元奖励；

（三）对防范、制止和惩治严重危害国家安全行为发挥重大作用、作出重大贡献的，给予人民币3万元至10万元奖励；

（四）对防范、制止和惩治严重危害国家安全行为发挥特别重大作用、作出特别重大贡献的，给予人民币10万元以上奖励。

第三章 奖励程序

第十三条 对于符合本办法规定的奖励条件的举报，应当在举报查证属实、依法对危害国家安全行为作出处理后30个工作日内,由设区的市级以上国家安全机关启动奖励程序。

第十四条　国家安全机关应当根据本办法第十一条、第十二条,认定奖励等级,作出奖励决定。

第十五条　国家安全机关应当在作出奖励决定之日起10个工作日内,以适当方式将奖励决定告知举报人。

举报人放弃奖励的,终止奖励程序。

第十六条　举报人应当在被告知奖励决定之日起6个月内,由本人或者委托他人领取奖励。

因特殊情况无法按期领取奖励的,可以延长奖励领取期限,最长不超过3年。举报人无正当理由逾期未领取奖励的,视为主动放弃。

第十七条　征得举报人同意后,国家安全机关可以单独或者会同有关单位,在做好安全保密工作的前提下举行奖励仪式。

第十八条　公民举报危害国家安全行为奖励经费按规定纳入国家安全机关部门预算。

第十九条　国家安全机关应当加强对举报奖金的发放管理。举报奖金的发放,应当依法接受监督。

第四章　法　律　责　任

第二十条　国家安全机关工作人员有下列情形之一的,对负有责任的领导人员和直接责任人员依规依纪依法予以处理;构成犯罪的,依法追究刑事责任:

(一)伪造或者教唆、伙同他人伪造举报材料,冒领举报奖金的；

（二）泄露举报或者举报人信息的；

（三）利用在职务活动中知悉的危害国家安全行为有关线索或者情况，通过他人以举报的方式获取奖励的；

（四）未认真核实举报情况，导致不符合奖励条件的举报人获得奖励的；

（五）对符合举报奖励条件的举报人，无正当理由未按规定要求或者期限给予奖励的；

（六）其他依规依纪依法应当追究责任的情形。

第二十一条　举报人有下列情形之一的，依法予以处理；构成犯罪的，依法追究刑事责任：

（一）借举报之名故意捏造事实诬告、陷害他人的；

（二）弄虚作假骗取奖金的；

（三）恶意举报或者以举报为名制造事端，干扰国家安全机关工作的；

（四）泄露举报中知悉的国家秘密或者工作秘密，造成不良后果或者影响的。

举报人有前款规定情形之一，已经启动奖励程序的，应当终止奖励程序；已经作出奖励决定的，应当予以撤销；已经实施奖励的，应当予以追回。

第二十二条　举报人所在单位有下列情形之一的，依法予以处理：

（一）举报人向所在单位报告危害国家安全行为线索或者情况后，单位不及时向国家安全机关报告或者漏报、瞒报，造成不良后果或者影响的；

(二)举报人向国家安全机关报告危害国家安全行为线索或者情况后,单位对举报人实施打击、报复的。

第五章 附 则

第二十三条 对境外人员举报实施奖励,适用本办法的有关规定。

第二十四条 本办法自公布之日起施行。

涉及国家安全事项的建设项目许可管理规定

(2024年12月2日经国家安全部部务会议审议通过和国家发展改革委、自然资源部、住房城乡建设部同意 2025年1月15日国家安全部、国家发展改革委、自然资源部、住房城乡建设部令第5号公布 自2025年3月1日起施行)

第一章 总 则

第一条 为了规范涉及国家安全事项的建设项目许可管理工作,防范制止间谍行为,维护国家安全,根据《中华人民共和国国家安全法》《中华人民共和国反间谍法》和《中华人民共和国行政许可法》等法律法规,制定本规定。

第二条 本规定所称涉及国家安全事项的建设项目,是指在中华人民共和国境内重要国家机关、国防军工单位和其他重要涉密单位以及重要军事设施的周边安全控制区域内的建设项目。本规定所称建设项目,是指土木、建筑等工程类建设项目。

第三条 涉及国家安全事项的建设项目新建、改建、扩建的,应当依照本规定取得国家安全机关许可,并接受监督管理。

第四条 涉及国家安全事项的建设项目许可管理工作应当坚持总体国家安全观,统筹发展和安全,遵循依法管理、积极防范、突出重点、便利高效的原则,以高水平安全保障高质量发展。

第五条 国务院国家安全主管部门负责全国涉及国家安全事项的建设项目许可管理。

省级国家安全机关负责组织本行政区域内安全控制区域划定、调整。

设区的市级国家安全机关对本行政区域内涉及国家安全事项的建设项目实施许可,并开展日常管理工作。

发展改革、自然资源、住房城乡建设等有关部门在职责范围内配合共同做好涉及国家安全事项的建设项目许可管理工作。

第六条 国家安全机关应当加强与发展改革、自然资源、住房城乡建设等部门以及国防动员委员会的办事机构协作,健全完善有关工作机制,做好与上述部门、机构有关工作制度的衔接。

第二章 安全控制区域管理

第七条 省级国家安全机关应当依照《反间谍法》第二十一条的要求和有关标准,会同当地发展改革、自然资源、住房城乡建设、保密、国防科技工业等部门以及国防动员委员会的办事机构、军队有关部门,确定需划设安全控制区域的位置及范围,报省、自治区、直辖市人民政府批准。

第八条 安全控制区域经省、自治区、直辖市人民政府批准后,省、设区的市级国家安全机关应当将安全控制区域划定、调整情况通报同级发展改革、自然资源、住房城乡建设、保密、国防科技工业等部门以及国防动员委员会的办事机构、军队有关部门掌握,并将安全控制区域的范围告知有关重要国家机关、国防军工单位和其他重要涉密单位以及重要军事设施管理单位。

第九条 县级以上地方各级人民政府编制国民经济和社会发展规划、国土空间规划等有关规划,应当充分考虑国家安全因素和划定的安全控制区域,征求国家安全机关的意见,国家安全机关应当提出规划、建设方面的安全防范要求。

第十条 省级国家安全机关应当根据重要国家机关、国防军工单位和其他重要涉密单位以及重要军事设施设立、变更、撤销等变化情况,依照本规定第七条规定,动态调整安全控制区域。

第三章 涉及国家安全事项的建设项目许可

第十一条 涉及国家安全事项的建设项目属于新建的,申请人为项目投资人;属于改建、扩建的,申请人为项目所有人。

第十二条 对于涉及国家安全事项的建设项目,申请人申办建设工程规划许可证、乡村建设规划许可证的,应当同步向国家安全机关申请涉及国家安全事项的建设项目许可。

依法无需办理前述规划许可的,申请人应当在开工建设之前向国家安全机关申请涉及国家安全事项的建设项目许可。

国家安全机关应当公布受理许可的途径和联系方式,推进信息共享和网上办理,在办理许可过程中不收取任何费用。除涉及国家秘密的建设项目外,国家安全机关应当依托全国一体化政务服务平台,加强与发展改革、自然资源、住房城乡建设等部门审批监管平台信息共享,推进并联审批,加强衔接联动。

第十三条 申请涉及国家安全事项的建设项目许可时,申请人应当根据建设项目的具体情况提交下列材料:

(一)涉及国家安全事项的建设项目许可申请书;

(二)申请人为法人或者非法人组织的,应当提交企业营业执照或者组织注册登记证书以及法定代表人或者组织负责人的有效身份证明;申请人为自然人的,应当提交个人有效身份证明,非法定代表人、组织负责人、自然人本人办理的,需提供授权材料及受委托人的有效身份证明;

(三)建设项目功能、用途、地址以及投资人、所有人股权结构、实际控制人情况说明;

(四)建设项目设计说明及相关图纸;

(五)建设项目已取得的有关部门审批、核准、备案文件。

国家安全机关可以通过信息共享方式获取相关申请材料的,不再要求申请人提供。

第十四条 国家安全机关对许可申请,应当根据下列情况分别作出处理:

(一)申请事项属于国家安全机关职权范围,申请材料齐全,符合法定形式,应当予以受理,并出具书面凭证,申请材料不齐全或者不符合法定形式的,应当当场或者五个工作日内一次性告知申请人需要补正的全部内容,逾期未告知的,自收到申请材料之日起即为受理;申请材料存在可以当场更正错误的,应当允许申请人当场更正;

(二)申请事项不属于国家安全机关职权范围的,应当即时作出不予受理的决定,出具不予受理的书面凭证,并告知申请人向有关行政机关申请;

(三)申请事项依法不需要取得国家安全机关行政许可的,应当即时告知申请人不受理。

依托地方相关政务平台实施网上受理的,受理凭证以地方政府、相关部门规定式样为准。

第十五条 受理申请后,国家安全机关应当综合考虑涉密单位涉密情形、与建设项目的位置距离关系、周边环境、已采取防范措施等因素,根据有关工作规范,对建设项目功能用途、建设方案、管理使用等方面进行审查,评估建设项目被利用实施危害国家安全行为的风险和可以采取的安全防范措施。

需要实地踏勘的,应当指派两名以上国家安全机关工作人员共同进行。

第十六条 审查过程中,国家安全机关发现申请事项直接关系重要国家机关、国防军工单位、其他重要涉密单位、重要军事设施所属单位以及他人重大利益的,应当听取申请人、利害关系人的意见,并告知申请人、利害关系人享有听证的权利。申请人、利害关系人在被告知听证权利之日起五日内提出听证申请的,在安全保密前提下,国家安全机关应当在二十日内组织听证。

国家安全机关应当根据听证中认定的事实作出决定。

第十七条 对申请事项涉及的专业领域问题,国家安全机关可以组织检测、鉴定和专家评审,在检测、鉴定和专家评审基础上作出许可决定。

第十八条 国家安全机关应当自受理申请之日起二十个工作日内作出许可决定。二十个工作日内不能作出许可决定的,经本级国家安全机关负责人批准,可以延长十个工作日,并应将延长期限的理由告知申请人。

审查过程中,需要进行检测、鉴定、听证和专家评审的时间不计算在前款规定的期限内,国家安全机关应当将所需时间书面告知申请人。

第十九条 国家安全机关根据以下不同情况作出书面许可决定:

(一)建设项目符合维护国家安全要求的,应当准予许可;

(二)建设项目存在危害国家安全隐患,采取安全防范措施后可以消除风险的,国家安全机关应当提出安全防范措施要求,申请人将落实防范措施方案报国家安全机关审核同意的,应当准予许可;

(三)建设项目存在危害国家安全隐患,且无法通过采取安全防范措施消除风险的,应当不予许可,并说明理由。

国家安全机关作出准予许可决定的,应当告知被许可人需接受监督管理的有关事项。

第二十条　当事人对行政许可决定不服的,可以自收到决定书之日起六十日内,依法申请复议;对复议决定不服的,可以自收到复议决定书之日起十五日内,依法向人民法院提起诉讼。

第二十一条　被许可人变更涉及国家安全事项的建设项目名称、功能、用途、地址、设计方案以及项目投资人、所有人等要素的,应当在变更前向作出许可决定的国家安全机关提出申请。

国家安全机关审查后,认为变更事项不会导致原许可决定实质内容发生改变的,应当在三个工作日内依法办理变更手续;认为变更事项导致原许可决定实质内容发生改变,影响国家安全的,应当依照本规定重新审查并依法作出予以变更或不予变更的决定。

第二十二条　有下列情形之一的,国家安全机关应当依法办理许可注销手续:

(一)许可被依法撤销、撤回,或者相关许可证件被依法吊销的;

(二)因安全控制区域调整等客观情况变化,导致被许可项目不再属于许可管理范围的;

(三)因不可抗力导致许可事项无法实施的;

(四)法律、法规规定的应当注销的其他情形。

第四章　涉及国家安全事项的
建设项目监督管理

第二十三条　涉及国家安全事项的建设项目投资人、所有人、管理人、使用人应当按照许可确定的条件进行项目建设、管理、使用,自觉履行维护国家安全义务,接受国家安全机关的监督检查,保守所知悉的国家秘密。

涉及国家安全事项的建设项目投资人、所有人、管理人、使用人发生变更前,有关单位和人员应当将许可确定的条件告知拟变更的投资人、所有人、管理人、使用人。

第二十四条 涉及国家安全事项的建设项目进行竣工验收时,申请人应当同步向作出许可决定的国家安全机关提出申请,对建设项目落实安全防范措施要求进行验收。验收合格的,方可投入使用。

第二十五条 涉及国家安全事项的建设项目采取的安全防范措施,项目投资人、所有人、管理人、使用人不得擅自停用、损毁或者拆除,确需变更、调整的,应当及时向国家安全机关报告。

第二十六条 对涉及国家安全事项的建设项目遵守许可情况和落实安全防范措施情况,经设区的市级以上国家安全机关负责人批准,国家安全机关可以采取以下监督检查措施:

(一)向有关单位和人员了解情况;

(二)调阅有关资料;

(三)听取有关工作说明;

(四)进入有关单位、场所实地查看。

国家安全机关开展监督检查时,不得妨碍有关单位和人员正常的生产经营活动,有关单位和人员应当提供与监督检查工作相关的必要协助和便利条件。

国家安全机关对监督检查工作中知悉的商业秘密、个人隐私负有保密义务。

第二十七条 国家安全机关应当根据部门职责,向发展改革、自然资源、住房城乡建设部门,通报涉及国家安全事项的建设项目许可决定以及采取的安全防范措施,并同时告知与许可决定有关的重要国家机关、国防军工单位和其他重要涉密单位以及重要军事设施管理单位。

发展改革、自然资源、住房城乡建设部门应当依据国家安全机关通报情况,在职权范围内协助国家安全机关对涉及国家安全事项的建设项目建设、管理、使用等活动进行监督管理,发现违反本规定的行为,及时通报国家安全机关,并依法处置。

第二十八条 因安全控制区域划定和调整,新划入安全控制区域内的在建或已建的建设项目,国家安全机关可以依照本规定实施监督检查,依法指导相关建设项目投资人、所有人、管理人、使用人落实反间谍安全防范责任。

第二十九条 任何单位和人员发现涉及国家安全事项的建设项目在建设、管理、使用等活动中有违反本规定的情况,应当及时向国家安全机关举报。

国家安全机关应当对举报的单位、人员信息予以保密,对提供重要情况、作出突出贡献的单位和人员,按照国家有关规定给予表彰和奖励。

第三十条 任何单位和人员对国家安全机关及其工作人员在涉及国家安全事项的建设项目许可管理工作中的违法违纪行为,有权向上级国家安全机关或者监察机关、人民检察院提出检举、控告。

第五章　法　律　责　任

第三十一条　申请人隐瞒有关情况或者提供虚假材料申请许可的,国家安全机关不予受理或者不予许可,并给予警告。

第三十二条　以欺骗、贿赂等不正当手段取得许可的,国家安全机关责令停止建设或者使用,撤销已作出的许可。

第三十三条　未取得许可,擅自新建、改建、扩建建设项目的,国家安全机关予以警告。经采取安全防范措施能够符合维护国家安全要求的,责令限期改正;拒不改正、无法改正、或者存在其他严重情形的,责令停止建设或者使用,或者建议有关主管部门依法予以处理。

第三十四条　有下列情形之一的,国家安全机关予以警告,责令限期改正:

(一)擅自变更许可确定的条件进行建设、管理、使用的;

(二)未经验收,擅自投入使用的;

(三)擅自停用、损毁或者拆除安全防范措施的。

经国家安全机关责令限期改正,逾期未完成改正的,暂扣许可证件;拒不改正或者无法改正的,责令停止建设或者使用,吊销已发放的许可证件,或者建议有关主管部门依法予以处理。

第三十五条　国家机关、人民团体、企业事业组织和其他社会组织违反本规定的,国家安全机关可以依据《反间谍法》

第五十六条约谈相关负责人,必要时进行通报。

第三十六条 在涉及国家安全事项的建设项目许可管理活动中违反发展改革、自然资源、住房城乡建设、国防动员等领域法律、法规、规章和有关规定的,由发展改革、自然资源、住房城乡建设等部门以及国防动员委员会的办事机构依法处理。

第三十七条 国家机关工作人员在涉及国家安全事项的建设项目许可管理工作中滥用职权、玩忽职守、徇私舞弊,依法给予处分;构成犯罪的,依法追究刑事责任。

第六章 附 则

第三十八条 本规定自2025年3月1日起施行。